LETTRES PATENTES DE COMMISSION DV ROY, PORTANS

l'establissement des Iuges ordonnez pour tenir la Chambre de Iustice, & leur pouuoir: Auec les noms d'iceux.

Verifiées en la Chambre de Iustice, Monseigneur le Chancelier y seant.

A PARIS,

Chez FED. MOREL, & P. METTAYER, Imprimeurs ordinaires du Roy.

M. DCXXIIII.

Auec Priuilege de sa Majesté.

OVIS par la grace
de Dieu Roy de Fran-
ce & de Nauarre, A
nos amez & feaux
Conseillers en nostre
Conseil d'Estat, Mai-
stres Henry de Mesmes President en
nostre Cour de Parlement de Paris,
&   Iubert sieur du Thil, President en nostre Chambre des Comptes à Paris, Maistres   Fauier,
        Faulcon,   Laisné,
        le Feure, de Lezeau, maistres
des Requestes ordinaires de nostre
Hostel : Et à nos amez & feaux Conseillers Maistres   Pinon
Conseiller en ladite Cour,
Cambaras Conseiller en nostre Cour

de Parlement de Tholofe,
Ioumaron Confeiller en noftre Cour
de Parlement de Grenoble,
Fayac Confeiller en noftre Cour de
Parlement de Bordeaux,
Fiot Barin Confeiller en noftre Cour
de Parlement de Dijon,
Bouchart Confeiller en noftre Cour
de Parlement de Roüen,
Touron Confeiller en noftre Cour
de Parlement d'Aix, &
Martigny Confeiller en noftre Cour
de Parlement de Rénes. Maiftres
de Longueil &   Lefcuyer, Maiftres ordinaires en noftre Chambre
des Comptes à Paris : Et Maiftres
            Turpin &   Cottel
Confeillers en noftre Cour des Aydes en ladite ville, Salut. PAR nos
lettres patentes du prefent mois nous
auons erigé & eftably vne Chambre
de Iuftice pour feoir en la Chambre

dite du Conseil lez nostre Chambre des Comptes à Paris pour vacquer à la recherche & punition des abus & maluersations commises au faict de nos finances, selon qu'il est plus au long porté par nosdites Lettres, pour l'execution desquelles estant besoin de commettre des personnes capables & affectionnées au bien de la Iustice : A plein confians de vos sens, suffisance, experience, probité, & integrité, Nous vous auons commis & deputés, commettons & deputons par ces presentes, & ceux de vous, qui, attendant que tous les autres soient assemblez, se trouueront presens au nombre de dix, ensemble nostre amé & feal Conseiller en nostre Conseil d'Estat & President en la Cour des Aydes, Maistre René de Maupeou pour nostre Procureur General en ladite Chambre, & maistre

A iij

Lamy Auditeur en ladite
Chambre des Comptes pour Gref-
fier en icelle. Pour à la requeste de
noſtredit Procureur General ou autres proceder à ladite recherche &
punition, inſtruire ciuilement ou
criminellement en premiere inſtan-
ce, par vous ou l'vn de vous que vous
commettrez à cette fin, & iuger au
nombre de dix pour le moins pour
les iugemens diffinitifs & d'inflictiós
de peines ou tortures, & au nombre
de ſept pour le regard des inſtructiós
& Arreſts interlocutoires ſeruans à
icelles, Toutes cauſes & differés meuz
& à mouuoir, inſtruits & à inſtruire
concernans leſdites fautes & maluerſations portees par noſdites Lettres,
& vous ordonnons de proceder à
l'encontre de ceux qui ſe trouueront
coupables de quelque qualité & con-
dition qu'ils ſoient, ainſi que vous ad-

uiferez en vos confciences eftre à faire,& y vacquer fans intermiſſion ny
difcontinuation , nonobftant le feruice que vous eftes tenus nous rédre
és Compagnies efquelles chacun de
vous eft eftably,duquel Nous vous a-
uons difpenſé & difpenſons, & vous
permettons de defemparer lefdites
Compagnies aufquelles neantmoins
nous voulons que vous foyez tenus
& reputez prefens. VOVLONS que
les Iugemens & Arrefts qui feront
par vous donnez foyent de telle for-
ce & vertu & ayent pareil effect que
s'ils auoient efté dônez par nos Cours
Souueraines,lefquels à cette fin nous
auons validez & auctoriſez, validons
& auctorifons par ces prefentes pour
eftre executez contre toutes fortes de
perfonnes, nonobftant oppofitions
ou appellations quelfconques, vous
attribuant pour cet effect priuatiue-

ment & à tous autres nos Iuges Sou-
uerains ordinaires ou Commiſſaires,
la cognoiſſance & iugement deſdits
crimes , abus & maluerſations contre
tous ceux qui s'en trouueront coupables, de quelque eſtat, qualité ou con-
dition qu'ils ſoient, & en quelque lieu
ou Prouince de ceſtuy noſtre Royaume, païs, terres & Seigneuries de noſtre obeïſſance qu'ils ſoient demeu-
rans, laquelle nous auons interdite &
interdiſons à toutes nos Cours de
Parlemét, grand Conſeil, Chambres
des Comptes, Cours des Aydes & autres Iuges quelſconques. Permettons
à chacun de vous de ſe tranſporter
par toutes les Prouinces & Generali-
tez de ce Royaume pays, terres & Seigneuries de noſtre obeïſſance, pour
informer & inſtruire iuſques à iugement diffinitif excluſiuement, nonobſtant oppoſitions ou appellations
quels-

conques, tous procés & inftances cõ-
cernans les fautes & maluerfations
fufdites, pour eftre par vous iugez
comme dit eft, clorre la main aux
Comptables s'il eft neceffaire pour
noftre feruice, & commettre en leurs
places & charges des perfonnages ref-
feans & foluables en nous en don-
nant aduis. Commettre & fubdele-
guer tels Iuges que vous aduiferez
bon eftre pour l'inftruction defdits
procés auec pareil pouuoir que ce-
luy qui vous eft attribué pour le regard de ladite inftruction. Lefquels
Commiffaires par vous fubdeleguez
ou enuoyez par les Prouinces, ou
ceux que nous y deputerons dire-
ctement, vacqueront diligemment
à ladite recherche, & procederont à
l'encontre des coupables, mefmes
par emprifonnement de leurs perfonnes & faifie de leurs biens s'il y

eschet, nonobſtant oppoſitions ou
appellations quelſconques & ſans
preiudice d'icelles, & paſſeront outre
iuſques à ſentence diffinitiue & execution d'icelle incluſiuement pour
les cas qui n'excederont lá ſomme de
quinze cẽs liures, appellans auec eux
ſix de nos officiers ou autres graduez.
Et pour les cas qui n'excederont la
ſomme de ſix cens liures, les iugemens par eux ſeuls donnez ſeront
executoires par prouiſion, nonobſtant l'appel, & ſans preiudice d'ice-
luy ; Et pour tous autres cas excedans
ladite ſomme de quinze cens liures,
ciuils ou criminels, ils paſſeront outre à ladite inſtruction iuſques à ſentence diffinitiue excluſiuement, nonobſtant oppoſitions ou appellations
quelſconques & ſans preiudice d'i-
celles, dont ils enuoyeront les procés
inſtruicts, clos & ſcellez, & actes ne-

ceſſaires au Greffe de ladite Chambre
de Iuſtice, fors toutefois pour les iugemens de torture, pour leſquels ils
defereront à l'appel, ſoit que les Iugemens ſoient donnez en compa-
gnie de nos Officiers ou par les Commiſſaires ſeuls. Vovlons que les
cauſes de recuſations qui pourront
eſtre propoſees contre les Commiſſaires par nous ou par vous enuoyez
ou ſubdeleguez par les Prouinces,
enſemble la cognoiſſance & iugement des oppoſitions & appellations
qui pourront eſtre interiettées deſdits Commiſſaires, ou de ceux que
nous pourrons commettre & ſubde-
leguer, ſoient iugées, releuées, & de-
cidées pardeuant vous en toute ſou-
ueraineté, & priuatiuement à toutes
nos Cours & autres Iuges, auſquels
nous en auons à cet effect interdit
& interdiſons toute iuriſdiction &
cognoiſſance.   B ij

DE CE FAIRE vous auons donné & donnons plein pouuoir, auctorité, Commiſſion & mandement ſpecial : MANDONS & Commandons aux gens de noſdites Cours de Parlemér, Grand Conſeil , Chambre de nos Comptes , Cours de nos Aydes & Monnoyes, Treſoriers generaux de France, Baillifs, Seneſchaux, Preuoſt de noſtre Hoſtel, & grand Preuoſt de France, Visbaillifs, & Viſſeneſchaux, Preuoſts de nos chers & bien-aymez Couſins les Mareſchaux de France, Eſleuz & Geolliers en tous lieux & Reſſorts, & chacun endroit ſoy, & à tous nos autres Officiers & Iuſticiers qu'il appartiendra, Que à vous en ce faiſant ſoit obey: Et à tous leſdits Preuoſts, leurs Lieutenás & Archers, nos Huiſſiers, Sergens, & tous autres que beſoin ſera, de mettre à execution vos Decrets, Ordonnances, Iugemens &

Arrefts, & autres chofes dependans
du faict de ladite Chambre, quand &
ainfi que par vous leur fera ordonné,
fans pour ce demander Congé, Per-
miffion, Placet, Vifa, ne Pareatis:
CAR tel eft noftre plaifir, Nonobftant tous Edicts, Ordonnances, Re-
ftrictions, Mandemens, Defenfes &
Lettres à ce contraires. DONNE' à
S.Germain en Laye, le vingt-quatrief-
me iour d'Octobre, l'an de grace mil
fix cens vingt-quatre, & de noftre regne le quinziefme. Signé, LOVIS.
& plus bas, Par le Roy, De Lomenie.
Et feellée du grand fceau de cire iaune à fimple queuë. Et plus bas eft ef-
crit,

Leuës, publiées & regiftrées en la Cham-
bre de Iuftice, Ouy, & ce requerant le Pro-
cureur General du Roy en icelle, Monfei-
gneur le Chancelier y feant, le trentiefme
Octobre mil fix cens vingt-quatre, Par

moy Conseiller, Secretaire du Roy, de ses
Finances & Conseil Priué.
Signé,   LE TENNEVR.

LOVIS par la grace de Dieu, Roy de France & de Nauarre, A nostre amé & feal Conseiller en nostre Cour de Parlemét & President aux Enquestes, M.   Gayant, Salut: Par nos Lettres patentes en forme d'Edict du present mois, Nous auons estably vne Chambre de Iustice pour y estre procedé à la recherche & punition des abus & maluersations commises au faict de nos Finances, ainsi qu'il est amplement porté par nosdites Lettres : En suite & consequence desquelles par autres nos Lettres patentes, Nous auons commis & estably vn bon nombre, tant de Presidens de nostre Cour de Parlemét &Cham-

bre des Comptes, que Maiſtres des
Requeſtes de noſtre Hoſtel, & autres
Conſeillers de nos Cours ſouuerai-
nes pour la tenue de ladite Chambre,
& y vacquer à ladite recherche & execution de noſtredit Edict. Et iugeant
que vous y pourrez auſſi dignement
& vtilement ſeruir, à plein confians
de vos ſens, ſuffiſance, experience,
preud'hommie & integrité, NOVS
A CES CAVSES, Vous auons commis, ordonné & deputé, Commettons, ordonnons & deputons par ces
preſentes, ſignées de noſtre main,
pour l'vn des Iuges de noſtredite
Chambre de Iuſtice, & auec ceux par
nous comme dit eſt, deſ-ja eſtablis,
vacquer à l'execution de noſtredit
Edict, ſelon qu'il eſt porté par noſdites Lettres patentes de Cõmiſſion,
& conformément à icelles. De ce
faire vous auons donné & donnons

plein pouuoir, puiſſance, auctorité,
Commiſſion & Mandement ſpecial,
& tel que ſi vous eſtiez compris &
nommé dans ladite Commiſſion:
CAR tel eſt noſtre plaiſir.

DONNE´ à S. Germain en Laye, le
vingt-neuſieſme iour d'Octobre, l'an
de grace mil ſix cens vingt-quatre.
Et de noſtre regne le quinzieſme.
Signé, LOVIS. Et plus bas, Par
le Roy, DE LOMENIE. Et ſeellée
du grand ſceau de cire iaune ſur ſim-
ple queuë. Et plus bas eſt eſcrit,

*Leuës, publiées & regiſtrées en la Cham-
bre de Iuſtice, Ouy, & ce requerant le Procureur General du Roy en icelle, Monſei-
gneur le Chancelier y ſeant, le trentieſme
iour d'Octobre, mil ſix cens vingt-quatre,
Par moy Conſeiller, Secretaire du Roy, de
ſes Finances & Conſeil Priué.*
Signé,   LE TENNEVR.